**똑 부러지는 어린이**
② 친구 관계 편

# 친구들과 사이좋게 지내요

똑 부러지는 어린이 ② 친구 관계 편

이서윤 글 · 국민지 그림

##  전국교사작가협회 **책쓰샘 선생님들의 추천평**

■ 아이들의 가장 큰 관심사는 단연 친구 관계일 거예요. 이 책은 다른 사람과 관계 맺고 친밀함을 유지하기 위한 예절, 배려 등 사회적 기술을 아이들 눈높이에 맞춰 쉽고 재미있게 풀어 낸 책입니다. 친구를 사귀는 비법이 궁금하다면 이 책을 펼쳐 보세요!

_권리라 선생님

■ 서준이는 신기한 버스를 타고 어디로 떠나게 될까요? 또 어떤 동화 속 주인공을 만나 어떤 이야기를 듣게 될까요? 과연 서준이는 친구들과 사이좋게 지낼 수 있을까요? 친구 관계로 고민하거나, 친구들과 더 즐겁게 지내고 싶은 아이들에게 이 책을 추천합니다.

_김보라 선생님

■ 이 책은 오랫동안 학교 폭력 예방 교육을 해 온 초등 교사로서 아이들에게 꼭 권하고 싶은 이야기를 담고 있습니다. 아이들은 이 책을 흥미롭게 읽으며 친구 관계에서 일어날 수 있는 갈등을 자연스럽게 이해하고 바람직한 태도를 배울 수 있을 거예요.

_김샛별 선생님

■ 서준이를 180도 바꿔 버린 마법의 버스 여행! 아이들에게 '친구들이랑 잘 지내니?'라고 물어볼 필요가 없게 만드는 책입니다.

_김영선 선생님

■ 친구들과 잘 지내고 싶은데 방법을 몰라 고민한 적 있나요? 이 책은 서준이의 신기한 동화 나라 여행을 통해 친구 사귀는 법을 재미있게 알려 줘요. 내 마음을 몰라주는 친구들 때문에 속상한 날, 이 책은 따뜻한 위로가 되어 줄 거예요. 자, 이제 친구와 아름다운 우정을 쌓아 볼까요?

_김원배 선생님

■ 이 책을 읽으면 서준이와 함께 신기한 버스 여행을 하며 친구들과 어떻게 잘 지낼 수 있는지 재미있게 배울 수 있어요. 친구가 나에게 다가오지 않는다고 실망하기보다는 내가 먼저 좋은 친구가 되어 다가가 보면 어떨까요?

_김주원 선생님

■ 친구들과 사이좋게 지내고 싶나요? 이 책을 펼쳐 보세요. 친구 관계가 어렵고 서툰 어린이들에게 용기와 따뜻한 배려를 알려 주는 다정한 우정 안내서가 되어 줄 거예요!

_민은정 선생님

■ 심술쟁이 팥쥐도, 욕심쟁이 놀부도, 거짓말쟁이 피노키오도 좋은 친구가 될 수 있어요! 동화 속 친구들과 이야기를 나누며 친구들과 사이좋게 지내는 방법을 배워 보세요.

_박나리 선생님

■ '동화 속 동화'라는 참신한 구조로 친구들과 사이좋게 지내는 방법을 들려주면서 동시에 다양한 동화의 내용도 자연스럽게 알려 주는 책입니다. 덕분에 아이들이 책 속 이야기를 확장해서 읽게 되어 무척 좋았습니다. 저 역시 동화 속 주인공을 만나 대화하는 듯한 기분이 들어 신기한 버스 여행이 정말 신났습니다.

_박민선 선생님

■ 친구들과 사이좋게 지내는 건 학교생활을 즐겁게 만드는 가장 중요한 열쇠입니다. 하지만 가끔은 친구와 잘 지내는 데 어려움을 겪기도 합니다. 그럴 땐 서준이를 따라 동화 속 친구들을 만나는 여행을 해 보세요. 어떤 행동이 친구들을 불편하게 하는지, 또 어떻게 친구들과 가까워질 수 있는지 자연스레 배울 수 있을 거예요.

_박정은 선생님

■ 어떻게 친구를 사귀어야 할지 몰라 고민하는 아이들이 참 많습니다. 학부모님들 역시 자녀의 친구 관계가 가장 큰 고민이라고 말씀하시곤 합니다. 그런데 교실을 둘러보면 모든 친구와 두루 잘 지내는 아이들이 있어요. 과연 그 아이들의 비결은 무엇일까요? 이 책은 인기가 없던 서준이가 동화 속 주인공들을 만나며 친구들과 사이좋게 지내는 방법을 하나씩 배우는 과정을 담고 있어요. 아이들이 이 책을 읽으며 친구 관계에 자신감을 얻을 수 있기를 바랍니다.

_배혜림 선생님

■ 교실은 사회의 작은 축소판입니다. 서로 다른 친구들과 한 공간에서 함께 지내다 보면 때로는 마음이 맞지 않아 다투기도 하고, 상처를 주고받기도 합니다. 이 책은 아이들이 서로의 다름을 이해하고, 마음을 나누며 함께 자라는 법을 알려 줍니다. 서준이의 이야기를 따라가다 보면 배려와 존중의 가치를 익히게 되거든요. 아이의 사회성을 길러 주고 싶은 모든 부모님과 선생님께, 가정과 학교에 꼭 비치해 두고 함께 읽기를 권하고 싶은 책입니다.

_서지예 선생님

■ 동화 속 주인공들을 만나며 자연스레 깨닫게 되는 '친구 사귀는 방법'에 쏙 빠져들었네요. 친구 관계를 넘어서 공동체에서 함께 살아가는 방법까지 저절로 배울 수 있는 것 같아요. 점점 기대되는 '똑 부러지는 어린이' 시리즈! 다음 편도 벌써 기다려집니다.

_소라 선생님

■ 학교에서 친구들과 친하게 지내기가 어려운가요? 이 책과 함께라면 하나도 어렵지 않을 거예요!

_엄월영 선생님

■ 친구들과 다툼이 있었던 날은 하루 종일 기분이 좋지 않지요. 이 책으로 너그러움, 존중, 협동의 지혜를 배우고 일상 속에서 하나씩 실천해 보세요. 그러다 보면 어느새 학급에서 모두가 좋아하는 '호감 왕'이 되어 있을 거예요!

_유초록 선생님

■ 서준이는 동화 속 주인공들을 만나며 친구들과 잘 지내는 방법을 배워 나갑니다. 그렇다면 우리는 친구들과 잘 지내기 위해 무엇을 해야 할까요? 친구와 더 가까워지고 싶다면 용기를 내어 마법의 버스를 타고 서준이와 함께 특별한 여행을 떠나 보세요!

_윤서영 선생님

■ 서준이는 신기한 마법의 버스를 타고 동화 속 여행을 떠납니다. 그리고 그 여행을 통해 일상에서 정말로 중요한 것은 무엇인지 다시금 일깨워 주는 특별한 인연을 만나게 되죠. 서준이의 이야기를 듣다 보면 친구들과 잘 지내는 방법을 배울 수 있을 거예요.

_이고은 선생님

- 억지 부리지 않기, 예쁜 말 쓰기, 깔끔한 옷 입기, 거짓말하지 않기, 용기 내서 먼저 다가가기, 긍정적으로 생각하기! 친구들과 잘 지내는 인기인 되는 법을 재미있는 이야기로 즐겁게 배울 수 있어요.

_장성민 선생님

- '좋은 사람 곁에는 좋은 사람이 모인다'라는 말, 들어 본 적 있나요? 내가 먼저 좋은 친구가 되면, 내 곁에는 자연스럽게 좋은 친구가 모인답니다. 선생님도 친구 관계로 고민했던 적이 있어요. 이 책이 여러분의 마음을 토닥이고, 따뜻한 힘이 되어 주기를 바랍니다. 모든 어린이를 진심으로 응원하고 축복합니다!

_정희선 선생님

- 동화 속 주인공들이 알려 주는 친구 사귀기 꿀팁! 아이들이 이 책에 나오는 소중한 조언을 마음 깊이 새기면, 다른 사람을 대하는 법을 배우고 친구들과 잘 지내는 데 자신감을 키울 수 있을 거예요.

_조은혜 선생님

- 믿고 보는 이서윤 선생님의 인성 동화. 동화책 속 주인공들을 만날 수 있는 마법의 버스를 타고 떠나는 모험으로 아이들에게 친구와의 행복한 관계를 선물해 보세요.

_최윤영 선생님

- '다들 나만 싫어해……' 걱정이 된다면 서준이와 함께 파란 버스를 타고 떠나 보세요! 팥쥐한테는 억지 부리지 않는 법을, 놀부 아저씨한테는 '미인해'와 '고마워', 예쁜 맘 쓰는 법을, 신데렐라에겐 깔끔한 첫인상을 배우면서, 친구 사귀기 꿀팁이 하나둘 내 것이 되는 마법 같은 변화를 시작해 보세요.

_홍은채 선생님

- 심술쟁이 팥쥐와 욕심쟁이 놀부 아저씨가 알려 주는 친구 잘 사귀는 법, 궁금하지 않나요? 신기한 버스를 타고 동화 속 친구들을 만나러 떠나 봅시다. 이 책을 읽다 보면 친구들과 잘 지내는 법을 배울 수 있을 거예요.

_황지현 선생님

### 작가의 말

여러분, 안녕하세요. 이서윤 선생님입니다.

오늘 학교에서 친구들과 사이좋게, 즐겁게 놀았나요? 그런 친구도 있고, 아닌 친구도 있을 거예요. 학교에 마음을 터놓고 어울려 노는 친구가 있으면 참 좋아요. 하지만 그런 친구가 단 한 명도 없으면 어떨까요?

선생님은 학교에서 여러분 또래의 아이들을 가르치고 있어요. 가끔 친구와 어울리고 싶은데 다가갈 용기가 없어서 혼자 노는 아이를 보기도 하지요. 이런 아이에게 필요한 건 눈 딱 감고 먼저 다가갈 용기예요.

그런가 하면 잘 어울려 노는 것 같다가도 친구와 다투는 아이나 친구들이 함께 놀기 싫어하는 아이가 있어요. 그런 아이들에게는 공통점이 있어요. 친구와 놀 때 자기 마음대로 억지를 부리거나 친구를 놀리기도 하고 고운 말을 쓰기보다 친구와 선생님에게 거짓말을 하고 흉을 봐요. 이러면 당연히 다른 친구들이 그 아이를 싫어하겠죠?

혹시 이 책을 읽고 있는 여러분도 친구를 사귀는 게 어려운가요? 그렇다면 선생님이 친구들과 잘 지내는 방법을 알려 주는 버스에 여러분을 태워 줄게요. 신기한 버스를 타고 동화 나라를 여행하면서 동화 속 친구들과 즐겁게 놀고 이야기하다 보면 자연스럽게 친구들에게 인기를 얻게 될 거예요.

친구들과 사이좋게 지내고 싶고, 인기가 많아지고 싶은 어린이 여러분! 이야기의 주인공인 서준이와 함께 신기한 버스 여행을 떠나 보아요!

2025년 5월

이서윤 선생님이

# 차례

추천의 글 … 4
작가의 말 … 8

다들 나만 싫어해! … 12

수상한 마법의 버스 … 18

팥쥐와 친구들을 만났어요 … 24
내 말만 하면서 억지 부리지 않기

의좋은 흥부와 놀부 아저씨 … 40
미안해, 고마워, 예쁜 말로 표현하기

신데렐라 공주의 결혼식에 가다 … 50
항상 단정하고 깔끔한 옷 입기

고래 뱃속에서 튀어나온 피노키오  60
절대 거짓말하지 않기

앨리스와 함께한 이상한 나라 산책  72
내가 먼저 용기 내서 다가가기

토끼와 거북이, 좋은 게 좋은 거야  81
언제나 긍정적으로 생각하기

이젠 다들 나를 좋아해!  88
친구들에게 새로운 모습으로 다가가다

서준이의 편지  98

## 다들 나만 싫어해!

"최서준, 너 또 그러냐?"

"얘 원래 그래. 놀지 마."

내 이름은 최서준. 샛별초등학교 1학년 2반. 키는 반에서 네 번째로 크고 안경을 쓰고 먹는 것을 좋아해요. 아빠, 엄마, 여동생 최서연과 함께 살고 있어요. 친한 친구는…… 아직 없습니다. 어쩌면 1학년이 끝날 때까지, 아니, 사실은 초등학교를 졸업할 때까지 안 생길지도 모르겠어요. 그게 고민이에요. 친구들이 나를 별로 좋아하지 않거든요. 내가 같이 놀자고 다가가면 친구들이 슬

슬 피해요. 이상하죠? 오늘만 해도 그래요. 교실에서 무슨 일이 있었는지 들어 보세요.

아까 나는 친구들과 함께 블록 쌓기 놀이를 하고 있었어요. 블록이 넘어지지 않을 때까지 높이 쌓아 올리는 친구가 이기는 거죠. 처음엔 민형이와 지우가 대결하는 걸 보고 있다가 심심해서 정호를 불렀어요.

"정호야, 나랑 블록 쌓기 한판 할래?"

"그래."

정호와 함께 신나게 블록을 쌓아 올렸죠. 내가 조심스럽게 블록을 하나 올리자 정호가 그 위에 하나를 더 올렸어요. 블록이 높이 쌓일수록 긴장됐지만 먼저 넘어뜨린 사람이 꿀밤을 맞기로 해서 집중해야 했어요.

"오예! 하나 더 쌓으면 쓰러지겠는데?"

정호가 블록을 하나 더 올려놓고 말했어요.

"야, 블록 넘어지니까 말하지 마!"

"흥, 내 마음이지. 블록만 안 건드리면 되잖아."

"그만 말해. 진짜로 블록 넘어진다고."

나는 정호에게 소리를 빽 지르고는 블록을 집어 탑 위에 얹었어요. 그런데 블록을 얹자마자 탑이 쓰러지고 말았어요.

"와, 내가 이겼다!!"

정호가 기쁨의 환호성을 질렀어요. 하지만 난 너무 억울했어요. 그래서 이렇게 말했죠.

"야! 네가 자꾸 소리 질러서 탑이 쓰러졌잖아."

"말도 안 되는 소리 하지 마. 네가 블록을 잘못 올렸으니까 쓰러진 거지."

정호가 콧방귀를 뀌며 말했어요.

"아냐! 나는 잘 쌓고 있었는데 네가 블록 옆에서 소리 질러서 쓰러진 거야."

"됐고, 꿀밤이나 맞자."

"너 때문에 졌는데 내가 왜 맞아? 방금 판은 무효야."

"아, 진짜. 최서준 또 이러네."

그때 수업 종이 울렸어요. 선생님이 들어오셨죠.

"다들 책 펴세요. 오늘은 각자가 만든 악기로 모둠별 합주를 한다고 했지요? 선생님이 모둠별로 연습할 시간을 줄 테니 모여서 같이 연습하세요."

나는 음료수 캔에 쌀을 넣어서 흔들면 소리가 나는 악기를 만들었어요. 여전히 정호 때문에 화가 났지만 그래도 우긴 덕에 꿀밤은 안 맞았으니 다행이었죠.

캔을 흔들자 쌀알이 알루미늄에 부딪혀 경쾌한 소리가 났어요. 어떤 친구는 컵라면 통으로 드럼을 만들었어요. 나무젓가락으로 컵라면 통 드럼을 치는데 멋있어 보였어요. 한참 구경하며 컵을 흔들고 있는데 같은 모둠인 도윤이가 말했어요.

"서준아, 네 마음대로 흔들지 마."

"맞아. 우리하고 맞춰서 연주해야지."

나는 또 나한테만 친구들이 뭐라고 하는 게 싫었어요.

"맞춰서 하고 있잖아."

"아니야. 자꾸 너만 마음대로 흔들어."

난 도윤이의 말에 기분이 나빠졌어요.

"나 안 해."

"뭐? 다 같이 하는 건데 그러면 어떡해."

화가 난 내가 끝까지 연주를 안 해서 다른 모둠 친구들은 앞에 나가서 멋지게 합주를 했는데 우리 모둠은 합주를 하지 못했어요. 선생님이 우리 모둠은 다음 시간에 다시 하라고 말씀하셨지요.

"서준이 너 때문에 우리 모둠만 못 했잖아."

같은 모둠 친구들이 내게 화를 냈어요.

'치, 왜 다들 나한테만 이러는 거야? 선생님도 날 미워하고 친구들도 날 미워해. 다들 나만 싫어해!'

## 수상한 마법의 버스

나는 혼자 터덜터덜 걸어서 학교를 빠져나왔어요. 정거장에서 버스를 기다리는데 평소와 색깔이 다른 버스가 왔어요. 분명 9999번이라고 적혀 있었는데 초록색이 아닌 파란색 버스였어요.

'이상하다. 내가 기분이 안 좋아서 헛것을 보나? 초록색이어야 하는데?'

나는 눈을 비비고 다시 쳐다봤어요. 버스는 여전히 파란색이었어요. 게다가 신기하게도 버스 뒤꽁무니로 무지갯빛 연기가 흘러나오고 있었죠.

'버스 색이 새롭게 바뀌었나?'

나는 빨리 집에 가서 시원하게 주스를 마시면서 핫도그를 먹고 싶었어요. 어제 엄마가 마트에서 핫도그를 사 왔거든요. 그래서 버스가 수상하긴 했지만 일단 올라타려고 했죠. 그런데 버스 안에는 기사 아저씨 말고는 승객이 아무도 없었어요.

'정말 이상하다. 왜 아무도 없지?'

"안 타니? 출발한다."

기사 아저씨가 말했어요.

"아니요. 타요."

빈자리에 가서 앉고 기사 아저씨를 슬쩍 쳐다봤는데, 왠지 어디서 많이 본 것 같은 느낌이 들었어요.

'참 이상하네. 뭔가 익숙한데……. 내가 9999번 버스를 자주 타서 그런가?'

"꼬마야, 손잡이 꼭 잡아라. 곧 출발할 거야."

"네? 네."

내가 대답하자마자 버스는 빠른 속도로 달리기 시작했어요. 정신을 못 차릴 정도였어요.

'으아악! 뭐야. 이거 속도가 너무 빠르잖아.'

게다가 속도만 이상한 게 아니었어요. 버스가 원래 다니던 길

과 다른 방향으로 가기 시작했어요.

'이거 뭐지? 혹시 어린이 유괴범?'

나는 깜짝 놀라 버스 기사 아저씨를 봤어요. 기사 아저씨는 모자를 푹 눌러쓰고 있어서 얼굴이 잘 보이지 않았어요. 창문 너머로는 익숙한 아파트 대신 옛날 초가집이 보였어요.

"아저씨! 버스가 이상한 데로 가는 것 같은데요?"

나는 겁이 났지만 용기 내어 물었어요. 하지만 기사 아저씨는 아무 말도 하지 않았어요.

'이러다가 무슨 일 생기는 거 아니야?'

다시 창문 밖을 보니 이번에는 사람들이 보이긴 했는데, 옷차림이 이상했어요. 다들 한복을 입고 있었고 나랑 비슷한 나이로 보이는 아이들은 남자, 여자 모두 머리를 길게 땋아서 하나로 묶고 있었어요. 꼭 동화에서 봤던 옛날 사람 같았죠. 나는 깜짝 놀라기도 하고 신기하기도 해서 창문 밖 풍경에서 눈을 떼지 못했어요. 옛날에 엄마랑 같이 갔던 민속촌에 온 것 같았어요.

"아, 아저씨, 여기가 대체 어디예요?"

"너희 집 가는 길이야. 걱정하지 마."

아저씨는 씩 웃고는 다시 운전만 했어요.

## 팥쥐와 친구들을 만났어요
### 내 말만 하면서 억지 부리지 않기

그때 버스가 갑자기 멈춰 섰어요. 차창 밖으로 뿌옇게 흙먼지가 날렸어요.

"자, 여기가 첫 번째 정거장이란다."

"네?"

"내리면 너를 기다리고 있는 사람이 있을 거다, 서준아."

"엥? 아저씨가 제 이름을 어떻게 아세요?"

아저씨는 내 말에 대답하지 않고 다른 이야기를 했어요.

"버스는 한 시간 후에 이 자리에 올 테니까 시간 맞춰 기다리고 있어라."

"자, 잠깐만요! 저는 여기가 어딘지도 모르고 시계도 못 읽는다고요."

나는 엄마가 시계 보는 방법을 알려 줄 때 대충 들었던 게 후회됐어요.

"저 안 내리면 안 돼요? 그냥 집에 데려다주세요, 아저씨."

버스 기사 아저씨는 그제야 백미러로 나를 쳐다보며 말했어요.

"서준이 네가 만나야 하는 사람들을 다 만나지 않으면 이 버스는 집으로 돌아가지 못해. 저기 옆에 큰 나무 있지? 저 나무 기둥에 글씨가 새겨져 있을 거야. 한글은 읽을 줄 알지?"

"그 정도는 읽을 수 있거든요!"

"그래, 그래. 다행이구나. '1 정거장'이라고 적혀 있는 저 나무 옆에 서 있도록 하렴. 시계를 못 읽는다고 하니 버스가 도착할 시간이 되면 내가 개구리 한 마리를 보내마. 버스가 돌아올 때쯤, 네 앞에 개구리가 나타나 '개굴개굴' 울어 댈 거야. 그때 이 나무 앞으로 나오너라. 나도 시간이 되면 다음 정거장으로 가야 하니 늦으면 절대 안 된다."

"늦으면 어떻게 되는데요?"

"그러면 집으로 돌아가기 위해 일 년을 더 기다려야 해. 이 마을에는 일 년에 한 번씩만 오거든."

아저씨의 말을 들으니 덜컥 겁이 났어요.

"그런데 저 꼭 내려야 해요? 그냥 이 버스에 타고 있으면 안 돼요?"

"그렇게 자꾸 조르면 집에 아예 못 가게 될지도 몰라. 어서 내려, 이 녀석아!"

아저씨가 나를 호되게 꾸짖었어요.

"알았어요……. 내리면 되잖아요."

내가 풀이 잔뜩 죽은 채로 내리자마자 버스는 빠른 속도로 달려 사라졌어요.

"얘, 서준아!"

그때 누군가가 내 이름을 부르며 어깨를 툭툭 쳤어요. 한복을 입은 여자애가 서 있었어요. 얼굴에는 주근깨도 나 있었지요.

"잘 왔어. 나 누군지 알겠니?"

그 아이는 날 잘 아는 것처럼 말했어요. 진짜 이상했어요.

"글쎄, 모르겠는데."

난 괜히 퉁명스럽게 말했어요. 그러자 그 아이는 고개를 갸웃거렸어요.

"이상하다. 넌 날 알 거라고 생각했는데."

"네가 누군데?"

"내 이름은 팥쥐야!"

"아, 팥쥐? 당연히 알지. 콩쥐를 괴롭히는 나쁜 애잖아."

나는 생각나는 대로 내뱉고는 말실수를 했구나 싶어 당황했어요. 얼른 팥쥐의 표정을 살폈죠. 그런데 팥쥐는 내 말을 듣고도 오히려 싱긋 웃고 있는 거 아니겠어요?

"내가 예전엔 못된 애로 좀 유명했지? 그러니 네가 그렇게 생각하는 게 당연해."

어쩐지 팥쥐는 내가 알고 있던 동화 속 모습과 좀 다른 것 같았어요. 그때 팥쥐가 물었어요.

"서준아, 너 오늘 친구랑 싸우진 않았니?"

나는 정말 깜짝 놀랐어요.

"어떻게 알았어?"

"그럼 그렇지. 나한테 오는 애들은 다 비슷한 문제로 오거든."

"뭐라고?"

친구랑 싸운 아이들이 여기에 온다고? 난생처음 들어 보는 이야기였어요. 말도 안 된다고 생각하고 있는데 팥쥐가 내 손목을 붙잡았어요.

"자, 이리 와. 내 친구들이 저기서 사방치기하는 중이거든? 너도 같이 하자."

사방치기? 내가 진짜 좋아하는 놀이였어요. 난 잔뜩 신이 나서 말했어요.

"그래? 좋아! 아, 그런데 나 한 시간 뒤에는 가야 해."

"알았어. 얼른 가자."

나는 팥쥐 뒤를 쫓아갔어요. 커다란 나무 그늘에서 내 또래로 보이는 아이들이 놀고 있었어요. 어떤 아이는 나무에 걸린 커다란 그네를 타고 있었고 몇몇 아이는 와르르 웃어 대며 사방치기를 하고 있었죠.

"얘들아, 다들 인사해. 얘는 서준이야."

팥쥐가 친구들에게 나를 소개했어요.

"안녕, 서준아."

"안녕, 애들아."

"어서 와. 안 그래도 한 명 모자랐는데 같이 하면 되겠다."

나는 나를 반겨 주는 아이들 덕에 기분이 좋았어요.

'집에 가 봤자 숙제하다가 학원에 가야 하는데 여기서 신나게

사방치기나 하다가 집에 가는 게 낫겠다.'

팥쥐와 나는 편이 달랐어요. 친구들은 내가 새로 왔으니 나부터 하라고 했어요.

"나 시작한다."

나는 돌을 던졌어요. 그러고는 바닥에 그은 선을 피해 한쪽 발로만 콩콩 뛰면서 돌을 넘었는데 균형을 못 잡고 그만 넘어지고 말았어요.

"서준이는 선 밟았으니까 죽었어. 다음은 먹보 차례야."

난 너무 억울했어요. 선을 밟긴 했지만 이 정도는 그냥 넘어가 줄 수도 있는 거 아닌가 싶었어요. 다시 하면 절대 선을 안 밟을 자신도 있었고요. 그래서 말했어요.

"아니야. 나 돌에 걸려서 억울하게 넘어진 거야. 다시 해야 공평하지."

"뭐가 돌에 걸려 넘어져. 네가 중심을 못 잡아서 넘어진 거지."

친구들은 내 말을 믿지 않았어요. 이럴 땐 고집을 피우면 된다는 걸 나는 잘 알고 있었죠.

"아니야. 다시 할 거야. 다시 할 거라고!"

"안 돼. 무슨 소리야."

"다시 할 거라고!"

내가 물러서지 않자 먹보가 말했어요.

"그래. 서준이는 첫판이니까 한 번 더 하게 해 주자."

나는 먹보 덕분에 다시 뛸 수 있었어요. 이번에는 안 넘어지고 무사히 돌을 넘었어요.

'그럼 그렇지.'

다음은 먹보의 차례였어요. 먹보는 이름과 잘 어울리게 뚱뚱했어요. 먹보가 돌을 던지고 사방치기를 시작했는데 커다란 덩치와 달리 날렵하게 잘 뛰는 게 아니겠어요? 외발로 금을 피해 요리조리 뛰는데, 이렇게 가다가는 먹보네 팀이 이길 것만 같았어요. 그래서 말했죠.

"어! 먹보 방금 선 밟았어. 그만하고 들어가."

"뭐야? 나 선 안 밟았어!"

"맞아. 먹보는 선 밟은 적 없어."

먹보의 친구들이 소리 높여 말했어요. 나는 아까처럼 고집을 피웠어요.

"너희는 다 옛날 애들이라 안경이 없어서 잘 못 보는 모양인데 쟤 선 밟았거든? 여기 신발 자국 보이지?"

"그건 서준이 네 신발 자국이잖아. 나는 짚신이라 그런 모양 안 나와."

먹보가 말했어요. 그러자 다른 친구들도 우르르 말했어요.

"맞아. 너 왜 자꾸 말도 안 되는 걸 우기니?"

난 화가 났지만 딱히 할 말이 없었어요.

"여기도 마찬가지네. 옛날이나 지금이나 친구들은 다 이상해!"

내가 너무 화가 나 씩씩대고 있자 팥쥐가 갑자기 내 손목을 잡아끌었어요. 그리고 멀리 있는 나무 밑으로 데려갔어요.

"최서준, 여기 앉아 봐."

"나 이제 갈래."

난 빨리 여기서 벗어나고 싶었어요. 하지만 팥쥐는 내 손을 잡고 마주 보며 말했어요.

"내 말 들어. 나도 옛날에 서준이 너처럼 그랬어. 무조건 우기고 반칙 쓰고……. 솔직히 너 첫판에 돌에 걸려서 넘어진 거 아니었잖아."

나는 아무 말도 할 수 없었어요. 팥쥐 말이 전부 다 맞기 때문이었어요.

"그리고 먹보가 선 안 밟은 거 너도 알고 있지?"

그것도 맞는 말이었어요. 난 여전히 입을 다물고 있었어요.

"나도 옛날에는 그랬어. 콩쥐는 항상 친구가 많은데 나는 없었거든. 콩쥐는 매일 집안일 하느라 밖으로 거의 못 나가는데도 친구들은 나랑 안 놀고 콩쥐만 찾는 거야. 나는 질투가 나서 콩쥐를 더 괴롭혔어. 그런데 괴롭히면 괴롭힐수록 콩쥐는 친구가 더 많아지고 나랑 놀려는 친구들은 줄어들었어. 나는 친구들이 나를 미워해서 그런다고만 생각하고 그냥 혼자 놀기로 했어. 사방치기도 혼자 하고 공기놀이도 혼자 했어. 그런데 기분도 별로 좋지 않고 너무너무 외롭더라고."

팥쥐의 이야기를 듣자 슬퍼졌어요. 나도 친구들이 점점 나와 놀려고 하지 않아 혼자서 블록을 쌓는 일이 많아졌거든요.

"그런데 어느 날 콩쥐가 이런 말을 해 주더라고."

"무슨 말?"

팥쥐는 콩쥐 흉내를 내며 말했어요.

"언니, 언니 할 말만 하지 마. 그러니까 친구들이 언니랑 안 노는 거야. 아무리 날 구박한들 뭐해? 친구가 없는데 그런 게 다 무슨 소용이야."

팥쥐는 잠깐 슬픈 표정을 지어 보였다가 다시 이어 말했어요.

"너무 짜증이 났지만 그게 사실이었어. 그래서 콩쥐한테 물어봤지. 친구들이랑 잘 지내려면 어떻게 해야 하냐고. 콩쥐가 뭐라고 했는지 알아?"

"그냥 사이좋게 지내라고만 하고 별 얘기 안 해 줬겠지?"

나는 볼멘소리를 했어요. 엄마, 아빠한테 수백 번도 더 들은 이야기니까요. 하지만 팥쥐는 고개를 절레절레 저었어요.

"아니. 콩쥐는 '친구들한테 억지 부리지 말기', '내 이야기만 하지 않기', '친구 말을 끝까지 듣고 말하기' 딱 세 가지만 지키라고 말했어."

팥쥐의 이야기를 들으니 오늘 교실에서 친구들과 다퉜던 일이 떠올랐어요. 블록 놀이를 하며 억지를 부렸던 일, 모둠 활동을 하면서 내 마음대로 했던 일들이요.

"친구들이랑 놀 때 내 마음대로 안 하고, 억지만 안 부려도 다 같이 즐겁게 놀 수 있어."

어쩐지 팥쥐의 말을 들으면 들을수록 오늘 화내고 떼쓰고 억지 부린 게 후회되고 친구들에게 미안한 마음이 들었어요.

그때 내 주먹만 한 개구리가 나타나서 개굴개굴 울었어요. 버스 기사 아저씨가 한 말이 퍼뜩 떠올랐죠.

"팥쥐야. 나 이제 가 봐야 해. 만나서 반가웠어. 다음에 볼 때 사방치기 제대로 하자."

"다음에? 다음에는 보지 말아야지."

팥쥐는 빙그레 웃으며 말했어요.

"이렇게 헤어지기 아쉽다."

"다음에는 절대 여기 오지 마. 오늘 내가 한 말 명심하고."

팥쥐는 다시 한번 내게 강조했어요.

"알았어. 내 말만 하면서 억지 부리지 않기!"

난 팥쥐에게 작별 인사를 하며, 친구들에게도 미안하다고 전해 달라 부탁하고는 버스를 타러 달려갔어요.

## 좋은 친구 되기 프로젝트

- 좋은 친구는 어떻게 행동할까요? 아래 보기를 읽어 보세요.

① 작은 사탕이라도 나누어 가지면 친구도 행복하고 나도 행복해져요.

친구의 웃는 모습을 보면 내 마음이 부자가 되는 기분이 들거든요.

② 아이스크림도 혼자 먹을 때보다 친구와 함께 먹을 때 더 맛있어요.

맛도 두 배, 기쁨도 두 배가 된답니다.

③ 친구가 넘어졌나요? 얼른 뛰어가 일으켜서 부축해 주세요.

많이 다치진 않았는지 물어보고 친구를 달래 주는 게 좋은 친구랍니다.

④ 친구가 준비물을 깜빡했다면 내 것을 나누어 주거나 함께 쓰도록 해요.

어려운 일이 있을 때 서로 도와주는 게 좋은 친구 사이겠지요?

● 왼쪽 보기에 알맞은 그림을 찾아 괄호 안에 번호를 적어 보세요.

( )

( )

( )

( )

## 의좋은 흥부와 놀부 아저씨
**미안해, 고마워, 예쁜 말로 표현하기**

나는 아까 본 나무가 어디 있나 두리번거렸어요.

'큰 나무에 뭐라고 적혀 있다고 하셨더라.'

내 앞에서 울던 개구리는 어느새 사라졌어요.

'버스 놓치면 안 되는데, 어디지?'

그때 마침 아까 기사 아저씨가 말한 큰 나무가 보였어요.

'아 참! 1 정거장!'

나는 숨이 턱까지 찰 만큼 열심히 뛰어갔어요. 파란색 버스는 문을 열고 기다리고 있었지요.

"서준아! 딱 맞게 도착했구나. 어서 버스에 타거라."

"아휴, 숨차."

나는 무사히 버스에 탔어요. 아저씨는 버스 문을 닫고 아까와 달리 버스를 아주 천천히 운전했어요. 운전석 바로 뒷자리에 앉은 나는 심심해져서 아저씨께 이것저것 물어보았죠.

"그런데 아저씨는 누구세요?"

"누구긴. 버스 기사지."

"버스 기사가 왜 이런 데를 돌아다녀요? 이거 무슨 프로그램 같은 거예요?"

아저씨는 이번 질문에는 아무 대답도 안 해 줬어요. 나는 좀 심통이 났죠. 아저씨한테 뭐라고 톡 쏘아붙일 참이었는데 버스가 갑자기 멈췄어요.

"자, 다음 정거장이야. 이제 내리려무나."

"벌써요?"

"그래. 바로 옆 마을이라 가깝단다. 잘 다녀오거라. 이번에도 딱 한 시간 뒤에 출발할 거고 아까처럼 개구리가 네게 돌아올 시간을 알려 줄 거야. 여기 나무 보이지? 여기서 기다리렴."

나무에는 '2 정거장'이라는 글씨가 새겨져 있었어요.

"아저씨. 대체 제가 왜 여기서 이러고 있어야 하는 거예요?"

"아직도 모르냐? 어서 내리기나 해, 이놈아!"

나는 아저씨의 호통에 다시 도망치듯 버스에서 내렸어요.

터덜터덜 길을 걷고 있자니 돌담 너머로 누군가의 말소리가 들렸어요.

"형님, 밥 한 주걱만 주세요."

"아이고 아우님, 한 주걱이 무슨 말이오. 쌀 한 가마 가져가게. 그동안 참 미안하고 고마웠네."

나는 밥 소리를 듣자 슬그머니 배가 고파졌어요. 나도 모르게 돌담을 따라 문가까지 가서 서성였지요. 집 안엔 빨간색 비단옷을 입은 통통한 아저씨와 여기저기 기워 입은 흔적이 그대로 보이는 낡은 옷차림의 마른 아저씨가 서 있었어요. 마치 어디서 본 것처럼 익숙한 느낌이었어요. 그때 비단옷을 입은 아저씨가 나를 보고 말했어요.

"얘야, 넌 누구니? 일단 들어오렴."

"아저씨는 누구세요?"

"나는 놀부라고 한단다."

"놀부? 그 놀부라고요?"

비단옷 아저씨 대신 낡은 옷을 입은 아저씨가 대답했어요.

"그래 형님은 놀부고 나는 흥부란다. 무슨 문제라도 있니?"

"아, 아니요. 그런데 놀부 아저씨는 부자신가 봐요?"

흥부 아저씨가 자랑스레 말했어요.

"그럼, 우리 형님은 마을에서 제일가는 부자인 데다 얼마나 인자하신지 어려운 사람들에게 먹을 것도 나눠 주신단다."

"놀부 아저씨가 인자하시다고요?"

놀부 아저씨가 빙그레 웃으며 물었어요.

"왜? 아직도 내가 심술보인 줄 아나 보지?"

뭐가 뭔지 하나도 이해가 안 됐어요. 아까는 팥쥐, 여기서는 흥부와 놀부를 만났는데 모두 내가 알던 것과 조금 다른 모습이었어요. 여기가 동화책 속 세상인지 아닌지 헷갈렸죠.

놀부 아저씨가 어리둥절해하는 내게 말했어요.

"나도 내가 얼마나 욕심쟁이였는지, 또 동생에게는 얼마나 못되게 굴었는지 알고 있단다. 그래서 동생에게 진심으로 사과했지. 나를 도와줘서 고맙다고도 말했고."

"이제 형님은 예전의 그 형님이 아니야."

흥부 아저씨가 자랑스럽게 말했어요.

"그렇구나. 두 분 사이가 좋아 보여서 다행이에요."

"그래. 잘못한 걸 깨달았으면 바로바로 사과해야 한단다. 아예 잘못을 안 저지르면 더 좋지만 말이야."

놀부 아저씨가 껄껄껄 크게 웃으며 말했어요.

나는 미술 시간에 주연이 그림에 실수로 내 물통을 엎질렀던 일이 생각났어요. 주연이는 나 때문에 그림을 다 망쳐서 울었지만 나는 끝까지 미안하다고 말하지 않았어요. 왜냐하면 뒤에 앉아 있던 친구가 나를 밀어서 물통을 친 거지 내 잘못이 아니었거든요. 엉엉 우는 주연이가 약간 불쌍해 보이기는 했지만 일부러 한 게 아닌데 사과하기는 좀 억울했어요.

이런 생각을 하고 있는데 놀부 아저씨는 마치 내 생각을 들여다본 것처럼 말했어요.

"일부러 실수한 게 아니었다고 하더라도 네가 한 일 때문에 친구가 속상해서 울면 그 마음을 이해하고 사과해야 한단다. 실수한 것에 대해 인정하고, 미안하다고 사과하고, 일부러 한 게 아니었다고 솔직히 말하면 친구도 충분히 이해할 거야. 고마울 때는 고맙다고, 기쁠 때는 기쁘다고, 슬플 때는 슬프다고, 미안할 때는 미안하다고 말하렴. 그렇게 진심으로 대화를 나누는 거야. 친구의 기분이 어떤지, 내 기분은 어떤지 생각하면서 말이야. 그럼 누구와도 좋은 친구로 지낼 수 있어."

놀부 아저씨 옆에 있던 흥부 아저씨가 이어서 말했어요.

"서준아, 혹시 친구들에게 욕을 하거나 나쁜 말을 하기도 하니?"

그러자 놀부 아저씨가 커다란 손을 앞으로 내밀고는 가로저으며 말했어요.

"이 아저씨가 하는 말 잘 들으렴. 욕은 말로 사람을 때리는 것과 같아. 게다가 욕은 상대방은 물론이고 나도 같이 때리는 거야. 욕을 할 때 나오는 침에는 독이 들어 있다고 말할 정도란다. 그러니 절대 욕하지 말고 바르고 고운 말을 쓰도록 하렴. 그러면 친구들도 더 좋아할 거란다."

흥부 아저씨도 옆에서 몇 번이고 고개를 끄덕이며 동의했어요.

"그래, 형님 말씀은 틀린 게 하나도 없지. 우리 마을에서 인기가 가장 많은 분인걸."

나는 여전히 놀부 아저씨가 이렇게 착하고 친절한 게 어색했어요. 하지만 아저씨의 말을 듣다 보니 제때 사과하지 않은 친구들에게 미안한 마음이 솟아나는 걸 느낄 수 있었어요.

마침 개구리가 나타나 개굴개굴 울었어요. 아저씨들도 내가 돌아갈 시간이란 걸 알았나 봐요.

"서준아, 아저씨가 뭐라고 했지?"

"고마울 때는 고맙다고 하고 미안할 때는 사과하라고요. 나쁜 말이나 욕은 하지 말라고요."

"잘 배웠구나. 집으로 돌아가면 친구들에게도 꼭 전해 주렴. 이제 놀부 아저씨는 심술보가 아니라고."

"네. 아저씨, 안녕히 계세요!"

나는 아저씨들께 인사를 하곤 개구리를 따라 달려갔어요.

## 좋은 친구 되기 프로젝트

- 다음 물음에 답해 보세요.

서준이처럼 친구 관계에서 속상하거나 힘들었던 경험이 있나요?

예) 지연이가 자꾸 놀려서 힘이 들었다. / 애들이 나만 빼고 놀려고 해서 속상했다.


내가 친구를 힘들게 했거나 친구에게 미안했던 적은 없었나요?



친구에게 고마웠던 경험이 있나요?



- 위에 적은 것을 바탕으로 '미안해 카드'와 '고마워 카드'를 만들어 보아요.

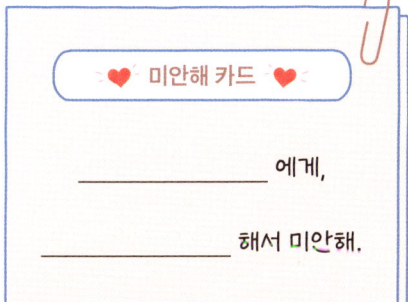
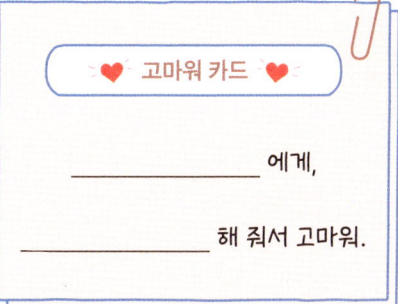

## 신데렐라 공주의 결혼식에 가다
### 항상 단정하고 깔끔한 옷 입기

나는 개구리를 따라 '2 정거장' 나무로 뛰어갔어요. 정거장에는 벌써 버스가 와 있었죠.

"어서 타거라."

버스에 올라타자마자 아저씨 뒷자리에 앉아 가쁜 숨을 몰아쉬었어요. 그러고는 창밖을 구경하는데 버스 기사 아저씨가 말했어요.

"앞으로 친구들을 더 많이 만나게 될 텐데 친구들한테 배운 걸 어디 적어 놔야 하지 않겠니? 집에 가는 길에 다 잊어버리겠다. 요 녀석아."

"음, 알았어요."

나는 가방에서 노트를 꺼내 배운 점을 적기 시작했어요. 다음 정거장이 좀 멀리 있는지 필기를 다 했는데도 버스는 아직 달리고 있었어요.

"아저씨, 다음 정거장까지는 아직 멀었어요?"

"이번엔 다른 나라로 가는 거라 시간이 좀 걸리는구나."

"다른 나라로요?"

버스를 타고 나라를 이동한다니, 나는 약간 걱정이 되었어요.

"나중에 집에는 갈 수 있는 거죠?"

나는 갑자기 엄마 얼굴이 떠올랐어요. 버스 기사 아저씨에게

들킬까 봐 눈물을 꾹 참았지요. 그때 창밖에서 반짝이는 빛이 쏟아졌어요. 몹시 크고 화려한 궁전이 눈에 들어왔어요. 궁전 앞에서 사람들이 음악에 맞춰 즐겁게 춤을 추고 있었고 맛있는 냄새도 풍겨 왔어요.

"아저씨! 저 여기서 내릴래요!"

"이번에는 웬일로 먼저 내리겠다고 하나?"

"맛있는 냄새가 코를 찌르잖아요. 저도 얼른 가서 먹어 보고 싶어요."

아저씨는 빙그레 웃더니 이렇게 말했어요.

"이번에 내릴 곳은 사람도 많고 길도 복잡해. 정거장을 찾기 어려울 테니 개구리가 울면 꼭 바로 와야 한단다."

"알겠어요. 3 정거장은 어디예요?"

"우리 버스 바로 옆에 있는 호박 마차 보이니? 저기가 바로 3 정거장이야."

나는 호박 마차라는 말을 듣자마자 누구를 만나게 될지 단번에 알아차렸어요. 얼른 버스에서 뛰어내렸어요.

하늘에는 폭죽이 팡팡 터지고 있었어요. 초록, 빨강, 노랑 불빛이 하늘을 수놓았어요.

"참 아름답죠?"

어디서 곱디고운 목소리가 들렸어요. 뒤돌아보니 책에서만 보던 신데렐라가 서 있었어요. 짝꿍 지수가 동화 속 공주님 중에서 신데렐라를 제일 좋아하는데, 여기 같이 왔으면 좋아했겠다고 생각했지요.

"안녕하세요. 신데렐라 공주님이죠?"

"후훗, 맞아요. 오늘은 저와 왕자님이 결혼하는 날이랍니다. 그래서 이렇게 성대한 파티가 열린 거예요. 같이 가서 맛있는 음식도 먹고 춤도 출까요?"

"네! 좋아요."

마침 배가 고팠던 나는 공주님과 함께 파티에 차려진 음식을 먹으며 이야기를 나누었어요.

"공주님, 정말 아름다우세요."

"감사해요."

공주님은 호호 웃다 내게 물었어요.

"서준 군은 제 이야기를 잘 알지요?"

"그럼요. 공주님은 새엄마와 새언니의 구박으로 힘들어하시다 요정의 도움으로 왕자님과 사랑에 빠지게 되잖아요."

그런데 공주님이 처음 듣는 이야기를 하셨어요.

"잘 알고 있네요. 그런데 이야기가 하나 빠졌어요."

"네? 무슨 이야기가요?"

"저를 도와준 요정은 저와 친구였어요."

요정과 친구였다니, 처음 듣는 이야기였어요. 동화책에는 그런 이야기까지 적혀 있진 않았거든요.

"그런데 처음에는 요정과 친해지기 어려웠어요."

"왜요?"

"그때 저는 고된 일을 하느라 옷이 금방 더러워지고 매일 빨아 입기도 힘들었거든요. 얼마나 지저분해 보였겠어요? 처음 요정을 만난 날, 요정은 친구가 되어 달라는 부탁을 거절했어요. 제가 너무 지저분한 옷을 입고 있어서 근처에 가기만 해도 땀 냄새며 먼지며, 도저히 가까이 다가갈 수가 없었대요."

"그럼 공주님은 어떻게 요정과 친해졌어요?"

"그날부터 모든 걸 바꿨죠. 바빠도 옷은 매일 빨아 입고, 밖에 나갔다 오면 꼭 손과 발을 씻었어요. 밤마다 목욕도 했지요. 그랬더니 요정이 제게 다가왔고 우리는 친구가 될 수 있었죠."

나는 공주님의 이야기를 듣다가 내가 입고 있는 옷을 봤어요. 떡볶이를 먹다 흘린 자국, 크레파스 조각이 묻어서 번진 자국 등 옷이 정말 지저분했어요. 순간 공주님이 이걸 보고 요정처럼 떠나 버릴까 걱정됐죠.

"비싼 옷은 소용이 없어요. 깨끗하고 단정한 옷차림이면 돼요. 그리고 왕자님도 그런 제가 아름답다고 했어요."

공주님은 날 보고 빙긋 웃으며 말했어요. 그때 저 멀리서 신하들이 공주님을 찾는 소리가 들렸어요.

"공주님! 신데렐라 공주님, 어디 계신가요?"

"저는 이만 가 봐야 할 것 같네요. 더 먹다가 조심히 가요."
"네, 공주님."

신데렐라 공주님은 궁전으로 돌아갔어요. 또각또각 유리 구두 소리가 멀어졌지요. 그러고 보니 우리 반에서 제일 인기가 많은 채연이와 선준이는 항상 깨끗하고 단정한 모습이긴 해요. 짝꿍 지수가 내 손톱에 낀 때를 보고 더럽다고 놀린 것도 생각났어요.

그때 내 발 위에 무언가가 폴짝 올라왔어요. 개구리였어요.

'앗, 파티장이 시끄러워서 개구리 우는 소리를 못 들었네. 어서 가야겠다.'

나는 부리나케 호박 마차로 달려갔어요.

## 좋은 친구 되기 프로젝트

● 아래 체크리스트를 보고 점수를 매겨 보세요.

**청결한 태도는 친구를 사귀는 데 중요하지요. 여러분의 청결 점수는 몇 점인가요?**

☐ 식사를 한 뒤, 그리고 자기 전에는 꼭 양치질을 해요.

☐ 밖에 나갔다 들어오면 가장 먼저 손과 발을 씻어요.

☐ 음식을 흘리지 않도록 조심하고 만약 흘려서 옷이 더러워지면 부모님께 세탁해 달라고 말씀드려요.

☐ 손톱과 발톱이 길어지면 손톱깎이로 잘라서 깔끔하게 유지해요.

☐ 기침이 나올 것 같으면 팔로 입과 코를 가리고 해요.

☐ 아무데서나 코를 파거나 손톱을 물어뜯지 않아요.

☐ 화장실에서 볼일을 보고 나올 때 꼭 손을 씻어요.

체크 하나 당 1점     나의 점수 _____ 점

# 고래 뱃속에서 튀어나온 피노키오
## 절대 거짓말하지 않기

호박 마차 앞으로 뛰어가자 버스가 눈에 보였어요. 이제는 저 파란색 버스가 반가웠어요.

"잘 다녀왔니? 맛있는 건 많이 먹었고?"

"네! 이것저것 많이 먹었어요."

난 자리에 앉아 아저씨에게 물었어요.

"아저씨도 친구를 사귀려면 옷을 잘 입어야 한다고 생각하세요?"

"잘 입는 건 아니어도 깨끗하게는 입어야지."

그러고 보니 아저씨가 입고 있는 옷도 구김살 하나 없이 빳빳

하게 다려지고 얼룩도 하나 없는 게 깨끗해 보였어요.

"가야 할 곳이 많이 남아서 좀 서둘러야겠어. 자, 손잡이 꽉 잡으렴."

버스가 전보다 빠르게 달리기 시작했어요. 시끌벅적한 궁전이 순식간에 사라지고 조용한 산속을 한참 달리다 어느 순간 창문으로 파란 바다가 비쳤어요.

"우와! 바다다!"

버스는 바다 가까이에 멈추었어요.

"자, 이제 내리렴."

"이번에는 어디서 버스를 기다리면 될까요? 개구리는 또 어디 있고요?"

"개구리는 지금 지쳐서 잠깐 자는 중이란다. 한번 잠들면 쉽게 못 일어나. 그러니까 이번에는 노을이 막 지기 시작했을 때 곧장 여기로 돌아오거라."

버스 바로 옆 모래사장에 우뚝 서 있는 나무 기둥에 '4 정거장'이라고 적혀 있었어요.

"네, 아저씨. 조금 이따가 봐요."

나는 약간 설렜어요. 바다에서는 어떤 동화 속 주인공과 만날

까 기대되기도 했고 괜히 신이 났죠. 난 하얀 모래를 사각사각 밟으며 걸었어요. 그때였어요. 커다란 소리와 함께 거대한 물보라가 일더니 해안가에 고래가 나타났어요!

　난 정말 깜짝 놀랐어요. 그렇게 큰 고래를 본 건 처음이었거든요. 그런데 더 놀라운 일이 일어났어요. 고래가 갑자기 에취! 재채기를 하니까 입에서 시커먼 게 툭 튀어나왔어요.

　"으아아악!"

난 무서워서 소리를 질렀어요. 너무 놀라 꼼짝도 못 했죠. 진짜로 눈물이 날 뻔했어요. 그런데 잘 살펴보니 시커먼 것들은 사람이었어요. 한 명은 할아버지였는데 다른 한 명은 나무 인형이었지요. 둘은 백사장에 떨어졌어요. 나무 인형이 먼저 일어나 아직 쓰러져 있는 할아버지에게 다가갔어요.

"할아버지! 할아버지!"

"아이고, 그래, 피노키오야. 우리 살아서 돌아왔구나."

'피노키오? 아! 거짓말하면 코가 길어지는 피노키오구나.'

나는 피노키오의 코를 쳐다봤는데 아직 코가 그렇게 길지는 않았어요.

"제페토 할아버지, 죄송해요. 제가 계속 나쁜 짓만 해서요. 그것 때문에 이렇게 고래 뱃속에도 갇히고……."

"아니다. 우리 착한 피노키오."

할아버지와 피노키오는 부둥켜안고 울기 시작했어요. 한참을 그렇게 울고 나서야 두 사람은 내가 근처에 있다는 걸 알아챘어요.

"아, 할아버지. 그 아이네요. 미안해, 서준아. 네가 온 줄 미처 몰랐어."

다른 동화 속 친구들처럼 피노키오도 꼭 나를 아는 것처럼 말했어요.

"너도 나를 알고 있니?"

"서준이 너도 나처럼 친구랑 잘 지내고 싶은 아이 아니야?"

"응. 나는 친구도 별로 없고 인기도 없거든."

피노키오는 젖은 몸을 탈탈 털었어요. 할아버지가 옆에서 도와줬지요.

"나도 친구들하고 문제가 좀 있었어. 내가 친구들한테 거짓말을 했거든. 한번 거짓말을 하면 그 거짓말을 안 들키려고 계속 다른 거짓말을 하게 되더라고. 그럼 마음이 얼마나 조마조마한지 아니? 정말 불편하다고. 게다가 들키면 그때부터는 아무도 날 믿지 않아."

그 이야기를 듣자 나도 뭔가 생각나는 게 있었어요.

"실은 나도 수민이 딱지가 멋있어서 잠깐 빌렸는데 너무 갖고 싶어서 잃어버렸다고 거짓말을 했어."

피노키오는 모자를 비틀어 물을 짜내며 말했어요.

"요정은 내가 거짓말을 하면 코가 길어지게 했어. 거짓말을 자꾸 하니까 코가 부러질 것처럼 길어지더라고. 이파리도 생기고 말이야. 그래서 요정에게 앞으로는 절대 거짓말하지 않겠다고 약속했어. 사실 거짓말은 순간적인 잘못을 덮으려고 하는 경우가 많잖아. 한순간을 모면하려고 평생 길고 무거운 코를 갖고 살 순 없다는 걸 깨달은 거지."

피노키오의 이야기를 들으면서 나도 코가 길어지는 상상을 했어요. 바로 고개를 절레절레 저었지요. 생각해 보니 수민이가 딱지를 잃어버려서 한참을 찾다 실망한 것, 딱지를 찾느라 다른 친

구들과 옥신각신 다투기도 한 게 생각났어요. 돌아가면 수민이에게 제일 먼저 사과하고 딱지를 돌려주겠다고 다짐했어요. 거짓말해서 미안하다고 꼭 사과하겠다고요.

"피노키오야, 앞으로 나도 너처럼 친구들에게 거짓말하지 않을 거야."

"응, 그래. 잘 생각했어."

피노키오에게 말하니 진짜로 해낼 수 있을 것만 같았어요. 용기가 생긴 거죠. 때마침 해가 바다에 걸리며 노을이 붉게 지기 시작했어요.

"앗, 피노키오. 난 이만 가 봐야겠어."

"그래, 너도 곧 친구들과 친해지고 즐겁게 지내게 될 거야. 돌아가서도 내가 한 말 잊지 말고."

"응. 오늘 네가 해 준 이야기 고마웠어."

피노키오와 제페토 할아버지는 활짝 웃으며 내게 손을 흔들어 줬어요.

나는 빨리 정거장으로 뛰어갔어요. 그런데 마지막으로 인사를 하느라 약간 늦었던 걸까요? 버스가 흐릿해지고 문과 계단이 흔들거리고 있었어요. 버스가 사라지려고 하는 거였지요. 기사 아저씨가 문 앞까지 나와서 외쳤어요.

"서준아, 빨리 와! 이 버스는 곧 사라질 거야!"

"아저씨, 저 놓고 가지 마세요! 아저씨, 아저씨!"

버스는 일 년이 지나야 다시 돌아온다고 했어요. 일 년 동안 집에도 못 가고 여기서 기다릴 순 없었어요. 평소에 달리기를 좀 해 둘걸, 너무 후회됐어요. 그때 기사 아저씨가 몸을 문밖으로 반쯤 꺼낸 채로 내게 손을 내밀었어요.

"서준아! 어서 이 손을 잡아. 이 할아버지 손을 꽉 잡아!"

'할아버지?'

나는 가까스로 아저씨의 손을 잡았어요. 아저씨는 날 잡아끄느라고 몸이 휘청거렸지만 내 손을 꽉 잡고 놓지 않았어요. 덕분에 나는 흔들리는 계단을 올라 겨우겨우 버스에 탈 수 있었죠. 기사 아저씨는 나를 꼭 끌어안았어요.

"서준아, 서준아!"

그러고 보니 기사 아저씨의 모자가 벗겨져 있었어요. 기사 아저씨의 얼굴을 보고 나는 깜짝 놀랄 수밖에 없었어요. 기사 아저씨의 정체는 작년에 돌아가신 할아버지였어요.

"하, 할아버지? 진짜 할아버지세요?"

"그래, 서준아. 할아버지란다."

"할아버지가 어떻게 여기……. 이거 꿈이에요?"

나는 믿기지 않아서 몇 번이고 볼을 꼬집었어요. 할아버지는 날 한참 바라보시더니 희미한 웃음을 지으시고 모자를 다시 쓰셨어요. 그러고는 운전석에 앉아 말씀하셨죠.

"서준아, 시간이 얼마 남지 않았단다. 이 여행이 끝나지 않으면 집에 갈 수 없어. 아직 두 곳 더 남았는데 힘껏 달려 보마."

난 할아버지께 궁금한 게 무척 많았어요. 무엇보다 할아버지를 다시 만나서 정말 기뻤어요. 비록 이게 꿈이라고 해도 말이에요. 그래서 더 힘차게 대답했어요.

"네, 할아버지! 앞으로는 절대 늦게 오지 않을게요."

파란 버스는 다시 달리기 시작했어요.

## 좋은 친구 되기 프로젝트

● 친구들과 사이좋게 지내려면 다양한 가치를 생활에서 발휘할 줄 알아야 해요. 아래에 적힌 가치에 알맞은 사례를 오른쪽에서 찾아 줄로 이어 보세요.

너그러움 ●    ● 아침에 깨끗하게 씻고 양치를 하고 등교한다. 깨끗한 복장은 물론이다.

청결 ●    ● 친구와 함께 놀 때 친구가 훌륭한 의견을 내면 경청하고 칭찬하며 예의 바르게 대한다.

친절 ●    ● 친구가 내게 부딪혔을 때, 실수였다는 걸 알고 괜찮다고 말한다.

존중 ●    ● 친구가 모르는 걸 물어본다면 따뜻하게 설명해 준다.

협동 ●    ● 친구들과 모둠 활동을 할 때 함께 힘을 합쳐 훌륭하게 해낸다.

# 앨리스와 함께한 이상한 나라 산책
## 내가 먼저 용기 내서 다가가기

"서준아, 다섯 번째 나라에 왔단다."

버스 기사, 아니 할아버지가 말씀하셨어요. 할아버지를 만난 게 기뻤지만 궁금하기도 했어요. 매우 편찮으셨는데 병원에 누워 계시다가 하늘나라에 가셨거든요.

할아버지는 나를 많이 예뻐해 주셨어요. 내가 유치원에서 돌아올 때면 엄마도 아빠도 가게에 나가서 일하시느라 집에 안 계셨어요. 하지만 할아버지는 항상 나를 기다려 주셨죠.

내가 집에 도착하면 언제나 '우리 서준이 왔니?'라며 상냥하게 반겨 주시던 할아버지와 영영 이별해서 얼마나 울었는지 몰라요.

할아버지는 박하사탕을 좋아하셨죠. 언젠가 다시 만나는 날에 할아버지께 박하사탕을 꼭 드리고 싶었어요.

"서준아, 이번에는 무서운 병정들이 나타날 수 있으니 조심, 또 조심해야 한단다. 개구리가 나타나면 여기 제비꽃이 보이는 곳으로 오렴."

"네. 이번에는 안 늦고 제때 올게요. 걱정하지 마세요."

난 할아버지 곁에서 떠나기 싫었지만 할아버지는 시간이 얼마 남지 않았다고, 다녀와서 마저 이야기하자고 하셨어요.

'할아버지는 어떻게 하늘나라에서 다시 돌아오신 걸까? 왜 오신 거지? 이제 안 아프신 걸까? 혹시…… 나랑 같이 집으로 돌아가실 수 있는 걸까?'

할아버지 생각에 잠겨 길을 걷고 있는데 길 끝에서 엄청난 모래 먼지가 일었어요.

"앨리스, 앨리스, 이상한 나라의 어여쁜 앨리스."

한 여자아이 옆으로 양복을 입고 시계를 보고 있는 토끼와 담배 피우는 애벌레, 카드 병정들이 쭉 서서는 다 같이 노래를 부르며 걸어오고 있었어요.

'앗, 아까 할아버지가 조심하라던 병정이잖아?'

나는 순간 겁이 나서 움찔했어요. 하지만 여자아이와 친구들은 내게 순식간에 다가오더니 내 앞에서 우뚝 멈췄어요.

"만나서 반가워, 서준아!"

파란 원피스에 하얀 앞치마를 두른 여자애가 말을 걸었어요. 노래 가사와 옆의 친구들 모습을 보니 내가 아는 동화 속 앨리스가 분명했어요.

"어어, 안녕."

"날씨도 좋은데 같이 걸을까?"

"어? 어디로 가는데?"

"우리도 몰라!"

앨리스는 천진난만한 얼굴로 말했어요. 나는 정색하며 말했죠.

"우리 엄마가 모르는 사람 따라가지 말랬어!"

그런데 앨리스는 내 손을 꼭 잡더니 말했어요.

"한 바퀴만 산책하고 다시 여기로 돌아올 거야."

"한 바퀴? 다시 돌아오는 거 확실하지?"

"그럼, 친구끼리는 거짓말하면 안 되는 거 나도 잘 알고 있어."

앨리스가 살짝 윙크하며 능청스럽게 말했어요. 우리는 길을 따라 걷기 시작했어요.

"여기 있는 애들은 다 내 친구들이야."

"그렇구나. 넌 친구가 많아서 좋겠다."

"응. 친구들이랑 잘 지내니 재밌고 좋지. 그런데 처음부터 이렇게 모두와 친하진 않았어. 하지만 내가 먼저 다가가서 친해지려고 노력을 많이 했지."

나는 앨리스의 말이 약간 의아하게 느껴졌어요.

"네가 먼저?"

"응. 친구는 어쩌다가 우연히 만들어지기도 하지만 내가 먼저 다가갈 수도 있는 거거든."

문득 처음 학교에 갔을 때나 반을 옮겼을 때처럼 새로운 친구들과 만나서 어색했던 순간들이 생각났어요. 물론 이제는 얼굴도 익숙해지고 이름도 알아서 어색하지는 않지만요.

"나는 친해지고 싶은 친구가 있으면 같이 놀자고 해. 숙제도 같이 하고, 먼저 친구를 돕기도 하고 재미있는 책이 있으면 같이 읽지! 그러다 보면 어느새 친해지더라고."

"앨리스 너야 성격이 워낙 좋으니까 그럴 수 있겠지. 나는 친구들한테 먼저 놀자고 해도 다들 싫어만 하는걸."

앨리스는 내가 그 말을 하기만 기다렸다는 듯 씩 웃었어요.

"나도 예전엔 친구들한테 인기가 없었어. 다들 나를 피하기도 했지."

나는 앨리스의 말이 믿기지 않았어요. 앨리스는 누가 봐도 친구들에게 인기가 많을 것처럼 보였거든요.

"하지만 너처럼 신기한 여행을 하면서 친구들에게 좋은 친구가 되어 주는 법을 배웠지. 내 마음대로만 하지 않고 '고마워', '미안해' 같은 예쁜 말을 하는 친구 말이야. 너도 네가 만난 친구들에게서 배운 걸 잘 지키고 나처럼 먼저 다가가면 어떤 친구도 널 싫어할 수 없을걸?"

난 앨리스의 말에 귀가 솔깃했어요. 정말로 친구들과 잘 지낼 수 있을지도 모른다는 생각이 들었어요.

"그래. 한번 노력해 볼게. 우리 반에 재준이라는 친구가 있는데 걔랑 꼭 친해지고 싶어."

"너라면 할 수 있을 거야."

난 나를 격려해 주는 앨리스가 점점 더 마음에 들었어요. 꼭 나를 믿어 주는 것처럼 느껴졌거든요. 하지만 안타깝게도 개구리가 튀어나왔어요. 버스로 돌아갈 시간이 다 된 거였지요.

"앨리스, 나 이제 가 봐야 하는데 아까 우리가 있던 곳으로는 어떻게 가야 하지?"

"이 길로 오십 발자국만 가면 보일 거야. 난 반대쪽으로 가 봐야 해서 먼저 가 볼게. 오늘 산책 즐거웠어."

"응. 나도 즐거웠어."

나는 버스를 놓칠까 봐 앨리스와 인사하자마자 제비꽃이 있는 곳을 향해 달렸어요. 할아버지가 나를 기다리고 계셨죠.

"서준아, 이번에는 안 늦었구나."

너털웃음을 지으시는 할아버지께 나는 엄지손가락을 척 내어 보였어요

## 좋은 친구 되기 프로젝트

- 여러분도 친해지고 싶은 친구가 있나요?
  그 친구에게 상장을 주면서 먼저 다가가 보세요.

### 상장

내 친구 _____ (이)는

_____

_____

_____ 하였으므로 상장을 수여함

2025년    월    일

너의 친구 OO

# 토끼와 거북이, 좋은 게 좋은 거야
## 언제나 긍정적으로 생각하기

창밖을 보니, 앨리스와 친구들을 만나고 산책했던 길이 점점 멀어졌어요.

'이번에는 어디로 가는 거지?'

"서준아, 이번이 마지막이야. 잘하고 오렴."

"네. 할아버지."

"그래. 할아버지가 기다리고 있을게."

할아버지는 기특하다는 듯 나를 바라보셨어요. 난 할아버지께 물었어요.

"할아버지는 같이 가시면 안 되나요?"

"할아버지가 버스를 지키고 있어야 버스가 떠나지 않는단다. 그러니 얼른 다녀오렴."

"알겠어요. 갔다 올게요!"

버스에서 내리자 잘 닦인 길옆으로 푸른 초원이 펼쳐져 있었어요. 군데군데 나무도 있었는데 그중 한 그루 아래에 귀여운 토끼가 잠들어 있는 게 아니겠어요?

'한 번만 만져 보고 싶은데.'

나는 조심스럽게 토끼 옆으로 다가가 귀 끝을 살짝 건드려 보았어요. 그러자 예민한 토끼가 화들짝 놀라며 잠에서 깼어요.

"뭐야! 거북이야?"

"안녕, 토끼야. 난 서준이야."

"아, 네가 서준이구나. 여기서 네가 오길 기다리다 너무 지루해서 잠들었지 뭐야."

"근데 거북이라니? 무슨 소리야?"

토끼가 다시 느긋하게 나무에 기대면서 대답했어요.

"난 매일 거북이랑 달리기 시합을 하거든! 항상 도중에 낮잠을 자 버려서 지긴 하지만."

나는 토끼의 말이 이해되지 않아서 토끼에게 물었어요.

"매번 지는데 시합을 하는 이유가 뭐야? 지면 기분 나쁘잖아."

그러자 토끼가 깔깔 웃었어요.

"에이, 친구 사이에 이기고 지는 게 뭐가 중요해? 난 그냥 거북이랑 같이 노는 게 즐거울 뿐이야."

"아무리 재미로 하는 거라도 난 내가 지는 건 싫을 거 같은데……."

"한바탕 상쾌하게 달리고 나서 이렇게 그늘에 누워 낮잠을 자면 기분이 얼마나 좋은지 알아?"

토끼가 자기 옆자리를 툭툭 두드리며 말했어요.

"서준아, 여기 누워서 따라 해 봐. '좋은 게 좋은 거다!' 거북이는 시합에서 이겨서 좋고 난 이렇게 멋진 시간을 보내서 즐거운데 뭐가 문제야?"

나는 처음에는 별로 토끼를 따라 하고 싶지 않았어요. 하지만 '좋은 게 좋은 거다'라는 말을 몇 번 반복하자 어쩐지 저절로 기분이 좋아지는 것 같았어요.

"그래 그거야. 그렇게 여유롭고 긍정적으로 생각하면 친구에게도 훨씬 너그러워지고 다들 그런 널 좋아하게 될 거라고."

나는 기분이 좋아져서 그대로 누워 눈을 감고 몇 번 더 '좋은 게 좋은 거다'라는 주문을 흥얼거렸어요. 그러다 잠깐 졸아 버렸어요.

"으응, 토끼야."

겨우 잠에서 깬 나는 토끼를 불렀지만 옆에는 아무도 없었어요.

'다시 달리러 떠났나?'

어느새 개구리 한 마리가 다가와서 나를 보고 돌아갈 시간이

라는 듯 울고 있었지요.

　　할아버지께서 이번이 마지막이라고 하셨으니 이제 집에 갈 시간이었어요.

　　"벌써 끝이라니, 아 약간 아쉬운데?"

　　정말 아쉬웠지만, 난 빨리 할아버지가 있는 버스로 달려갔어요.

## 좋은 친구 되기 프로젝트

● 서준이가 여행하는 것을 보면서 어떤 것을 느꼈나요?
여행을 마친 서준이에게 나만 알고 있는 '친구와 잘 지내는 방법'을 알려 주고 싶다면 아래에 편지로 써 보는 건 어떨까요?

서준이에게

서준아!

2025년    월    일    친구 ○○○

## 이젠 다들 나를 좋아해!
### 친구들에게 새로운 모습으로 다가가다

"서준아, 여행은 재미있었니?"

할아버지가 운전을 하며 물어보셨어요.

"네. 친구들도 많이 만났고 어떻게 해야 다른 친구들과 잘 지낼 수 있는지 많이 배웠어요. 짜잔! 할아버지가 노트에 적어 놓으라고 하신 거, 깔끔하게 정리했죠?"

나는 자랑스레 내 노트를 보여 드렸어요.

"잘했어. 역시 내 손자야."

오랜만에 할아버지께 칭찬을 들으니 기분이 좋았어요.

"할아버지 오랜만에 뵈니까 정말 좋아요. 이제 저랑 같이 집으로 가시는 거죠?"

할아버지는 잠시 말씀을 멈추셨다가 조용히 대답해 주셨어요.

"서준아, 할아버지는 너를 집 앞 버스 정거장에 내려 주고 다시 하늘나라로 가야 한단다."

난 할아버지를 꽉 붙잡았어요.

"할아버지, 다시 하늘나라로 간다뇨? 그게 무슨 말씀이세요. 안 돼요. 싫어요. 가지 마세요. 네?"

오늘 배운 점
1. 억지 부리지 말기
2. 미안해, 고마워, 예쁜 말 쓰기
3. 옷 깨끗하게 입고 다니기
4. 거짓말 하지 않기
5. 먼저 다가가기
6. 좋은 게 좋은 거다!

할아버지는 운전석에서 내려서 내 어깨를 붙잡고 나를 바라보며 말씀하셨어요.

"우리 귀여운 서준이. 할아버지는 하늘에서도 서준이를 계속 지켜보고 있을 거야. 너무 슬퍼하지 말렴, 응?"

"할아버지……."

눈물이 뚝뚝 떨어지고 콧물도 줄줄 흘렀어요. 너무 슬펐거든요. 할아버지는 나를 한참 안아 주셨어요.

"우리 서준이, 할아버지 없어도 잘할 수 있지? 좋은 친구들도 많이 사귀고 말이야."

눈물이 그치지 않고 계속 흘러내렸어요.

"서준아, 이제 집에 가야지. 엄마, 아빠가 기다리고 있을 거야."

난 도저히 할아버지만 버스에 두고 내릴 수가 없었어요.

"할아버지, 같이 가요. 응?"

"어서 내려. 이 버스 또 떠난다. 그러면 다시는 돌아올 수 없어. 얼른 내리렴."

할아버지는 떨어지지 않으려는 나를 밀었어요. 나는 버스 밖으로 떠밀려 나왔고 버스는 떠났어요.

"잘 가렴, 서준아. 할아버지가 우리 서준이 많이 사랑한다."

버스는 금세 사라졌어요. 그리고 내 손에는 할아버지가 좋아하던 하얀 박하사탕이 쥐어져 있었어요.

집에 가니 엄마가 걱정스러운 얼굴로 나를 기다리고 있었어요.

"서준아, 너 오늘 학원 안 갔다며? 엄마 걱정했잖아."

"엄마, 나 오늘 할아버지 만났어."

"그게 무슨 소리니?"

"엄마, 놀부 아저씨는 심술쟁이가 아니야. 나 팥쥐랑 신데렐라도 만났어."

"너 대체 무슨 소리 하는 거야? 어디 아픈 거 아니지?"

엄마는 내 이마를 손으로 짚었어요.

"열은 없는데……. 피곤한가 보구나. 친구랑 놀고 온 거야? 앞으로는 말없이 어디 가거나 하면 안 된다. 알겠지?"

나는 아무 말도 하지 않았어요.

'어차피 말해도 아무도 믿지 않을 거야. 이건 할아버지와 나만의 비밀이야.'

다음 날, 교실에 가는데 토끼가 해 준 말이 떠올랐어요.

'그래, 좋은 게 좋은 거지.'

"얘들아, 안녕!"

난 반에 들어가서 기분 좋게 친구들과 인사했어요.

"응. 서준아, 안녕."

난 제일 먼저 수민이를 찾았어요. 그리고 수민이에게 딱지를 돌려주며 말했죠.

"수민아, 미안해. 내가 네 딱지가 너무 마음에 들어서 잃어버렸다고 거짓말을 했어. 진짜 미안해."

"응? 내 딱지잖아! 야, 나 이거 한참 찾았는데 왜 이제 말해!"

수민이가 화부터 내는 게 당연했어요. 나였어도 수민이처럼 화를 냈을 거예요.

"미안해. 진짜 미안, 응? 화 풀어."

난 수민이가 화를 풀기를 진심으로 바랐어요. 그러자 수민이는 정말로 화난 표정을 풀고 한마디 했어요.

"앞으로는 거짓말하지 마. 이번 한 번만 봐준다. 짜식."

"응!"

진심으로 사과하니까 정말 통했어요. 정말 놀라웠어요. 게다가 수민이는 나더러 다시 딱지치기를 하자고 했어요. 재준이도 같이 했죠. 그런데 내가 몇 번이나 힘껏 쳤는데도 딱지가 안 넘어가는 거예요.

"에잇, 재준이 네가 이겼다. 자, 여기."

내가 재준이에게 딱지를 건네자 재준이가 놀란 표정으로 말했어요.

"어, 뭐야. 너 웬일로 그냥 주냐? 너 떼쟁이잖아."

재준이가 놀리는 투로 말해서 약간 기분이 상했지만 이렇게 말했죠.

"야, 나 이제부터 떼쟁이 아니거든?"

"너 달라졌다. 웬일이래."

토끼처럼 기분 좋게 하루를 시작하고, 앨리스처럼 친구에게 먼저 다가갔어요. 놀부 아저씨 말대로 진심으로 미안하다고 사과하고, 고마움을 표했죠. 또 팥쥐가 알려 준 것처럼 억지도 안 부렸고, 신데렐라 공주님을 떠올리며 옷도 깨끗하고 단정하게 입었어요. 피노키오가 말해 준 대로 거짓말도 안 했고요.

그랬더니 어떻게 됐는지 알아요? 정말로 친구들이 나에게 다가오고, 같이 놀자고 했어요. 모처럼 즐거운 시간을 보냈어요. 심지어 내 짝꿍 지수는 내게 과자도 나눠 줬어요.

'할아버지, 보고 계시죠? 저 이제 친구들이랑 잘 지낼 거예요. 걱정하지 마세요. 고마워요!'

난 창밖의 하얀 구름을 보며 할아버지께 내 마음을 전했어요.

## 서준이의 편지

얘들아, 안녕!

나 서준이야. 끝난 줄 알았지?

너희에게 기분 좋은 소식을 말하려고. 그게 뭐냐고?

있지, 나 이번 학기에 반장이 됐거든. 친구들이 다 나를 뽑아 줬어. 내가 친구들 기분을 잘 알아주고 재미있다나?

후훗, 그래, 자랑 맞아. 그리고 나 재준이랑 친해졌어. 이제 다른 친구들과도 사이좋게 잘 지내.

친구들은 내가 좀 어른스러워졌대. 어떤 애는 나한테 친구 사귀기 학원 같은 데 다녔냐고 묻기도 했어. 그래서 난 이렇게 말해.

"아니, 다 동화책에서 배운 거야! 너희도 동화책 많이 봐. 분명 도움이 될걸?"

물론 할아버지의 버스 이야기는 아무에게도 말하지 않았어.

지금까지 내 이야기를 읽어 줘서 정말 고마워. 너희랑 언젠가 만나게 되면 그때 같이 신나게 놀자!

아, 혹시 너희도 나처럼 수상한 버스를 타고 여행하게 된다면, 다음에 만났을 때 나한테 어떤 친구들을 만났는지 꼭 이야기해 줘. 다른 친구들은 안 믿어도 난 너를 믿어, 알지? 그렇지?

너희 모두 친구들과 사이좋게 지내기를 바라며, 다음에 꼭 봐! 안녕!

똑 부러지는 어린이 ❷ 친구 관계 편
# 친구들과 사이좋게 지내요

**초판 1쇄 발행** 2025년 5월 23일

**글쓴이** 이서윤

**그린이** 국민지

**펴낸이** 민혜영

**펴낸곳** 데이스타

**주소** 서울특별시 마포구 월드컵로14길 56, 3~5층

**전화** 02-303-5580 | **팩스** 02-2179-8768

**홈페이지** www.cassiopeiabook.com | **전자우편** editor@cassiopeiabook.com

**출판등록** 2012년 12월 27일 제2014-000277호

ⓒ이서윤·국민지, 2025

ISBN 979-11-6827-301-6 73810

이 책은 저작권법에 따라 보호받는 저작물이므로 무단 전재와 무단 복제를 금지하며, 이 책의 전부 또는 일부를 이용하려면 반드시 저작권자와 (주)카시오페아 출판사의 서면 동의를 받아야 합니다.

- 데이스타는 (주)카시오페아 출판사의 어린이·청소년 브랜드입니다.
- 잘못된 책은 구입하신 곳에서 바꿔 드립니다.
- 책값은 뒤표지에 있습니다.